Märkische Landschaften

Stahnsdorf

von

Guido Zenkert

be.bra verlag
berlin.brandenburg

Die sandigen, mit Lehm durchsetzten Böden der Teltower Hochfläche brachten der Landwirtschaft stets gute Erträge. Über Generationen entstand so in Jahrhunderten eine eigene Kulturlandschaft.

Über Mönche, Märker und die Mark

Auf seinen Wanderungen durch die Mark nahm sich einst Theodor Fontane ausgiebig Zeit, Land und Leute kennenzulernen. Sein Urteil über die Landschaft ist bekannt, das über die Leute würden wir heute etwas salopp als »durchwachsen« bezeichnen: »Das Pflichtgefühl, ihr Lerntrieb, ihr Ordnungssinn, ihre Sparsamkeit – das ist ihr Bestes, und das sind die Eigenschaften, wodurch sie's zu was gebracht haben. Sie sind gesunden Geistes und unbestechlichen Gefühls charaktervoll, aber sie sind ohne rechte Begeisterungsfähigkeit und vor allem ohne rechte Liebenswürdigkeit.« Er unterstellte dem märkischen Wesen Egoismus und sogar den eitlen Glauben, mit dem Kleinsten etwas Großes getan zu haben. Bei Fontanes Besuch 1869 in Gütergotz soll Pfarrer Broderson geäußert haben, daß dieser Volksstamm zwar »keinen Ketzer verbrennt, aber auch keinen Heiligen geboren hat«. Fontane brachte es pragmatisch und schlicht auf den Punkt: »Die Märker sind so und so«.

Ganz wie ihre Mark, könnte man ergänzen. Ein wenig abseits der Potsdamer Schlösser und Gärten und der quirligen Wieder-Metropole Berlin, die Touristenströme gemeinhin mit ihrem Bild der Mark identifizieren, erstreckt sich gewissermaßen »im Hinterland« der Mark Brandenburg die Hochfläche des Teltow. In einem südlich von Spree, Dahme und Nuthe begrenzten Gebiet entstand einst ein historischer Siedlungsstreifen, der von Güterfelde und Zehlendorf über Marienfelde, Mariendorf und Tempelhof bis Schönefeld und Waltersdorf reichte und zu dem geographisch eigentlich auch die Stadt Cölln südlich der Spree gerechnet werden muß, die später mit Berlin verschmolz. Hier liegen die Orte Güterfelde, Schenkenhorst, Sputendorf und Stahnsdorf. Fleiß und Ausdauer waren notwendig, um diesen kargen Landstrich Brandenburgs lebens- und liebenswert zu machen.

Charakteristisch für die Ortschaften des Teltow sind die imposanten, wehrhaften Feldsteinkirchen, von denen mehr als zwei Dutzend die Turbulenzen einer siebenhundertjährigen äußerst wechselvollen Geschichte überlebt haben. »Baumeister« in mehrfacher Bedeutung waren die Zisterzienser. Diese Mönche verstanden etwas von Ackerbau und Viehzucht und gingen als erfolgreiche Baumeister in die Geschichte ein. Sie waren die eigentlichen Pioniere bei der Kolonisierung der Mark Brandenburg. Die praktizierte Einfachheit und die sich selbst auferlegte Regel, alles in der Kirche ausschließlich dem Gebet zu widmen und auf jegliche Skulpturen und Malereien zu verzichten, machte die schwierige Gewinnung der heidnischen Bevölkerung für den christlichen Glauben erst möglich. Das Christentum wurde dabei zur identitätsstiftenden Ideologie einer Bevölkerung, die aus allen Gegenden des Heiligen Römischen Reiches deutscher Nation kam. Über Jahrhunderte entstand dabei nicht nur eine eigenständige Kultur, sondern auch ein ganz eigener Menschenschlag – der des Märkers. Und der ist schon mal so – mal so.

Einen besonderen landschaftlichen Reiz bilden die Upstallwiesen inmitten der Ortslage. Sie sind als Naturraum eng mit der Bäkeniederung und der Kanalaue verknüpft.

Rund um den Dorfanger

Unweit der Hauptstraße, am Rande der Upstallwiesen, verbirgt sich unter alten Bäumen das wertvollste Kulturgut, das Stahnsdorf besitzt. Der alte Anger ist der historische Siedlungskern und stellt sich noch heute als eine für die Mark Brandenburg nach Struktur und Erscheinungsbild einzigartige städtebauliche Situation aus dem 13. Jahrhundert dar. Zentrum der alten Dorfanlage ist seit mehr als 700 Jahren die romanische Feldsteinkirche, deren strenge architektonische Klarheit über die Jahrhunderte erhalten geblieben ist. Baumeister waren die Mitglieder einer Ordensgemeinschaft, die sich 1098 südlich von Dijon gegründet hatte und die der immer mehr um sich greifenden Verweltlichung des damaligen Klosterlebens entgegentreten wollte: die Zisterzienser. Der Orden praktizierte zweierlei: einerseits schlichte Lebensweise und strenge Frömmigkeit, andererseits eine vorbildliche Bodenbewirtschaftung. Beides führte sehr bald zu großem Reichtum und Ansehen.

Die beispiellosen Erfolge bei der Kultivierung in der Landwirtschaft, im Ackerbau, der Viehzucht, im Obst- und Weinanbau sowie in der Teichwirtschaft bewogen den Eroberer der Mark Brandenburg, Albrecht den Bären (1100–1170), gemeinsam mit dem Magdeburger Erzbischof die fleißigen Zisterziensermönche ins Land zu holen, um die Kolonisationspolitik der brandenburgischen Markgrafen durchzusetzen. Die Männer im weißen Kleid, mit dem Kreuz in der Linken und dem Spaten in der Rechten, stießen anfangs auf wenig Nächstenliebe; der Abt des Klosters Zinna wurde sogar erschlagen. Während dieser Zeit – um 1250 – entstanden die ersten romanischen Wehrkirchen.

Die für den Kirchenbau der Zisterzienser charakteristische formale Behandlung des Chores ohne eine Krypta wurde im Kirchenbau auf dem Teltow durch einen fast überall zum Hauptschiff eingezogenen, oft durch eine Apsis betonten Chor dokumentiert. Die räumliche Ausgewogenheit im Inneren der Stahnsdorfer Kirche ist ein Musterbeispiel staufischer Dorfkirchen in der Mark Brandenburg. Die hohen Fensteröffnungen sind schmal und klein, die alte, nur mannshohe Pforte konnte schnell von innen verschlossen werden. Die Kirche bot so der Dorfgemeinde einen sicheren Zufluchtsort vor fremden Überfällen und war neben der geistigen Erbauung vor allem ein Ort wehrhaften Widerstands.

So wie die Kirche außen durch ihre Urwüchsigkeit fasziniert, vermittelt sie im Inneren Ruhe und Harmonie. Der Chorbogen schafft die architektonische Verbindung der Gemeinde mit dem Altarraum. Bis zum Bau der Dorfkirche in Kleinmachnow 1597 wurden die Mitglieder der Hake-Familie in Stahnsdorf beigesetzt, wovon noch der im Chorraum mit reicher Ornamentierung befindliche Epitaph des 1590 verstorbenen Otto von Hake zeugt. Der holzgeschnitzte Altar mit der Heiligen Barbara, Schutzgöttin bei Gewitter, stammt aus dem ersten Drittel des 15. Jahrhunderts und ist protestantischer Bilderstürmerei nach der Reformation

Auch wenn die Landwirtschaft in und um Stahnsdorf keine Bedeutung mehr hat, die stummen Zeugen der Vergangenheit trifft man noch vereinzelt bei einer Wanderung.

entgangen. Die heilige Barbara, Schutzgöttin bei Gewitter und zugleich auch Schutzpatronin der Krieger, könnte die spätere Entwicklung zum Garnisonsstandort auf wundersame Weise erklären.

Die ersten Bewohner Stahnsdorfs waren jedoch die Kolonisten des 13. Jahrhunderts mitnichten. Schon um 300 vor Christi ist das Gelände um Stahnsdorf/Kleinmachnow als Rastplatz von Jägern und Sammlern genutzt worden. Um 800 hatten dann Slawen das Gebiet in Besitz genommen. Die Bäkeniederung zwischen Stahnsdorf und Kleinmachnow wurde zu einem wichtigen Handelsweg aus der Nutheniederung zu den weiter östlich siedelnden slawischen Stämmen. Die erste urkundliche Erwähnung von Stahnsdorf erfolgte 1264 als »Stanesdorp«. Doch nicht der Ort stand im Interesse des gesiegelten Pergaments, sondern die Zeugen eines Kaufvertrages vom Dorf Stargezer durch das Domkapitel von Brandenburg. Zu diesen zählte der damals gewichtigste Einwohner, der Magister Petrus de Stanesdorp. Erst im Jahre 1299 wird der Ort selbst erwähnt. Eine Urkunde beglaubigt einen Besitzerwechsel der Ortschaft an den Bischof Volrad zu Brandenburg. Da lebten im Dorf bereits die »deutschen« Stahnsdorfer. Ein weiteres Stahnsdorf wird auf alten Urkunden als »Slavicum Stansdorp« erwähnt, das Stahnsdorf der Wenden, südlich der Einmündung der Bäke in den Griebnitzsee gelegen. Dessen letzte Eintragung im Schloßregister datiert von 1450; Ende des 15. Jahrhunderts wird es als »wüst« bezeichnet. Damals hatten umfangreiche Waldrodungen der deutschen Kolonisten zur Senkung des Grundwasserspiegels und zur Verödung ganzer Landstriche geführt. Die Dreifelderwirtschaft begünstigte zudem Erosion und Versandung; Seuchen, Krankheiten und Hungersnöte taten ein übriges. Das größere deutsche »Stansdorp« an der alten Handelsstraße, die von der Saale über Saarmund und Gütergotz nach Berlin führte, überlebte. Nach markgräflichem und bischöflichem Eigentum befand sich der Ort ab 1435 über 400 Jahre im Besitz der Hake-Familie aus »Machenow ufm

Für einige Bauern am Dorfanger wurde die Jahrhundertwende zur guten alten Zeit. Sie konnten es sich leisten, prachtvolle Wohnhäuser zu errichten. Viele dieser Gebäude überlebten den Zahn der Zeit und erstrahlen heute im neuen Glanz.

Noch erinnern die Straßenbahnschienen in der ehemaligen Hauptstraße an die Linie 96. Sie durchlief das alte Zentrum, und an den Sonn- und Feiertagen brachte die »Bimmel« Scharen von Ausflüglern aus Berlin in die wunderschöne Umgebung. Unter dem Motto: »Hier können Familien Kaffee kochen« warben allein fünf Restaurationen um ihre Gäste.

Sande«, dem heutigen Kleinmachnow. Besonders schlimm erging es Stahnsdorf im Dreißigjährigen Krieg. Marodierende kleinere »Haufen« plünderten und brandschatzten den Ort, der so günstig an der alten Heer- und Handelsstraße zwischen Wittenberg und Berlin lag, gewissermaßen »im Vorübergehen«. Der Landreiter des Kreises Teltow, Michael Klienitz, berichtete vier Jahre nach Beendigung des verheerenden Krieges anno 1652, daß er nur noch einen gebürtigen Stahnsdorfer und keinen Bauern mehr vorgefunden habe. Erst 100 Jahre später, zu den Zeiten Friedrichs des Großen, waren alle Hofstellen wieder besetzt. Friedrich II. stand den Stahnsdorfer Bauern auch in ihrem langwierigen Streit mit den Hakes aus Machnow bei. Der dauerte nach des großen Königs Tod immerhin noch bis 1858. In diesem Jahr wurde die Separation – die Aufteilung gutsherrschaftlicher Ländereien auf die Bauern und Kossäten – abgeschlossen. Für die »Ablösung« mußten die Bauern an die Hakes allerdings die stattliche Summe von 24.361 Talern zahlen (was jenen erlaubte, den damals drohenden Konkurs ihrer Güter abzuwenden).

Zu diesem Zeitpunkt lebten in Stahnsdorf 16 Hofeigentümer und ein Pächter mit insgesamt 60 Knechten und Mägden sowie 16 Tagelöhner. Ferner existierten noch fünf nebengewerblich tätige Landwirte mit zwei Mägden. Weiterhin gab es 17 Arbeiter und zwei Bedienstete sowie einen Schuhmachermeister, einen Zimmergesellen, einen Tischlermeister, einen Stellmacher, drei Maurergesellen, einen Töpfermeister mit einem Gesellen und einem Lehrling. Auch zwei Dorfarme werden aufgeführt. Die Bebauung umfaßte 1860 zwei öffentliche Gebäude und 38 Wohnhäuser mit 75 Wirtschaftsgebäuden. Im Zuge der Separation wurden bestimmte Flächen zur gemeinsamen Nutzung bestimmt, so auch der Dorfanger. Die Grundstücksgliederungen der heute dort stehenden Gebäude stammen noch aus dem Mittelalter, während die traufständig zur Dorfaue ausgerichteten Wohnhäuser in der zweiten Hälfte des 19. und Anfang des 20. Jahrhunderts erbaut

Bis in die zwanziger Jahre unseres Jahrhunderts führte ein mit Feldsteinen befestigter Weg am Kirchhof vorbei quer über den Anger zur Kirchstraße. Von dieser Allee, die heute noch am alten Baumbestand zu erkennen ist, führten Sandwege zu den einzelnen Bauerngehöften.

Die Upstallwiesen dienten den Bauern als Wiesen und Weideflächen und sind charakteristisch für den Ort. Kulturhistorisch eng mit dem Anger verflochten, waren sie eigentlich die »hinter dem Stall« liegende Wiese. Zur Wiesenvegetation zählen Erlen- und Weidenbruchinseln sowie Alteichen. Auch selten gewordene Tierarten sind hier noch anzutreffen.

wurden. Der Erlös aus dem späteren Verkauf von Grund und Boden für den Südwest-Kirchhof und den Bau des Klärwerkes hatte es einigen Bauern ermöglicht, ihre Höfe prachtvoll umzugestalten.

Im 19. Jahrhundert verabschiedete sich Stahnsdorf endgültig vom Mittelalter. Die Dreifelderwirtschaft war passé, eine modernere Landwirtschaft brachte bessere Erträge. Dem spürbar einsetzenden landwirtschaftlichen Aufschwung folgte in der zweiten Hälfte des vorigen Jahrhunderts eine erste Dorferweiterung außerhalb des historischen Siedlungskerns in der Linden- und Mühlenstraße. Nach dem Krieg 1870/71 nutzte Preußen das Gold der französischen Reparationszahlung, um unter Beteiligung der Kreise und Kommunen die Infrastruktur auszubauen. Durch den Ausbau der Straßen nach Potsdam, Teltow und Zehlendorf zu gepflasterten Chausseen rückte das stille Bauerndorf in den Einzugsbereich von Berlin und Potsdam. 1892 wurde die Dampfstraßenbahn Lichterfelde-Ost – Teltow bis zum Ortseingang von Stahnsdorf verlängert, dann 1906 elektrifiziert und bis zur Machnower Schleuse geführt. Mit der Eröffnung des Teltowkanals war der Ort über Nacht aus der Beschaulichkeit eines Bauerndorfes zum begehrten Ausflugsziel und auch Wohnort für stadtmüde Berliner geworden. Stahnsdorf gehörte immerhin zum wohlhabenden Landkreis Teltow. 1908 wurde die 180.000 Goldmark teure Dorfschule mit der ersten Schulturnhalle des Kreises eingeweiht. Mit der Aufnahme des Zugverkehrs nach Wannsee gewann Stahnsdorf Anschluß an das Eisenbahnnetz. Die Weichen für ein modernes Stahnsdorf waren gestellt. Um die Jahrhundertwende lebten in dem Ort in 93 Wohnhäusern bereits 794 Einwohner, die meisten von ihnen waren Kleinbauern, Handwerker und Gewerbetreibende. Man lebte nicht nur von der Landwirtschaft, die Nähe Berlins garantierte einen bescheidenen Wohlstand. Und so kam es, daß man in Steglitz oder Schöneberg auch Brot und Teltower Rübchen aus Stahnsdorf bevorzugte. Doch das Zauberwort dieser Zeit hieß »Siedlungsland für Städter«.

Im verordneten preußischen Pfarrhausstil entstand 1879 hinter dem alten Gebäude das neue Stahnsdorfer Pfarrhaus. Noch heute strahlt die schlichte Backsteinarchitektur Wärme und Bescheidenheit aus.

In einer ersten Ortserweiterung entstanden an der Straße nach Gütergotz zunächst Wohn- und Geschäftsbauten. Mit dem Ausbau der Chaussee wurde die neubepflanzte Lindenstraße dann zur Hauptgeschäftsstraße des Ortes. 1931 eröffnete der Anklamer Apotheker Heinrich Andreé hier die erste Apotheke.

Zwischen Bauerndorf und Wende

Durch die Erschließung Kleinmachnows als Berliner Villenvorort geriet auch Stahnsdorf ins Blickfeld diverser Siedlungsgenossenschaften. Mehr und mehr Bauern verkauften günstig ihr Ackerland. Zwar konnte Stahnsdorf nicht mit der boomenden Entwicklung in Kleinmachnow mithalten, doch entstanden immerhin in den zwanziger Jahren die Siedlungen »Stahnsdorf-West«, »Eigene Kraft« sowie die »Blumen«- und »Markhofsiedlung«. Die Zahl der Einwohner stieg von 1.311 im Jahre 1919 auf 2.149 im Jahre 1930. Von dem ursprünglichen Bauerndorf war bald – bis auf den Dorfanger – nichts mehr zu spüren. Von 1929 bis 1931 wurde das alte, 1906 errichtete Klärwerk zu der modernsten und größten Kläranlage Europas ausgebaut. Der Bauboom hielt auch in den dreißiger Jahren unvermindert an.

Die Neustahnsdorfer dieser Jahre erfüllten sich mit dem Bau eines kleinen Häuschens oder einer Gartenlaube ihren Traum vom Leben im Grünen. Der kleine Garten sicherte eine Versorgung mit Obst und Gemüse, frische Luft gab es gratis dazu. Der Erste Weltkrieg und die Zwanziger Jahre, geprägt durch Inflation und Arbeitslosigkeit, wirkten sich besonders gravierend in den Großstädten aus. Berlin vor allem hatte große Schwierigkeiten bei der Lösung seiner Versorgungsprobleme, dem Verkehrswesen, der Wirtschaft und der Abwasser- und Müllbeseitigung. Viele Berliner zogen deshalb aufs Land und versuchten ihr Überlebensglück auf eigener Scholle. In Stahnsdorf waren es vor allem kleine Handwerker, Angestellte und Arbeiter, die sich den Traum vom eigenen Häuschen erfüllen wollten.

Während der Nazizeit allerdings kam eine neue »Klientel« hinzu, die nicht von jedermann gern gesehen war: das Militär. Vor Ausbruch des Zweiten Weltkrieges entstanden drei große Kasernenanlagen mit zwei Offizierskasinos, Wohnblöcken für Offiziere und Unteroffiziere sowie Kleinwohnhäuser für die Zivilangestellten der Wehrmacht. In die am 8. September 1935 fertiggestellte »Schliefen-Kaserne« zog die Aufklärungsabteilung 3 der Wehrmacht, die bisher in Wünsdorf stationiert gewesen war. Kommandeur dieser Abteilung war Oberst Friedrich Paulus, der spätere Oberbefehlshaber der in Stalingrad vernichteten 6. Armee. Übrigens haben hier auch Otto Graf Lambsdorff und der langjährige Botschafter der Bundesrepublik Deutschland bei den Vereinten Nationen, Rüdiger von Wechmar, gedient. In der 1939 fertiggestellten »Siegsfeld-Kaserne« an der Annastraße wurde eine Nachrichtenabteilung und in der »Ludendorf-Kaserne« eine Panzernachrichtenabteilung untergebracht.

1940 zählte Stahnsdorf bereits 5.810 Einwohner. Neben den militärisch genutzten Kasernen errichtete die Dreilinden Maschinenbau GmbH, eine Tochtergesellschaft der Robert Bosch Werke, neben ihrer 1938 gebauten Siedlung in Kleinmachnow 1942 auch in Stahnsdorf eine »Boschsiedlung« mit 400 Wohnungen für die Arbeiter ihres Rüstungsbetriebes. In diesem Betrieb verrichteten auch Zwangsarbeiter ihre Sklaven-

Mit der Boschsiedlung entstand der erste kompakte Siedlungskomplex in Stahnsdorf. 1942 von der Dreilinden Maschinen GmbH als Werkswohnungen errichtet, bildet die alte Bosch-Siedlung mit derzeit 483 Wohnungen den größten kommunalen Wohnungsbestand. Die seit 1991 mit Hilfe von Fördermitteln durchgeführte Sanierung wurde zu einem Modellfall im Land Brandenburg.

arbeit. Im Gegensatz zu den Werksarbeitern waren sie in dürftigen Lagern untergebracht.

In den Morgenstunden des 23. April erreichten die ersten Soldaten der Roten Armee Stahnsdorf. Bis zum 2. Mai 1945, dem Tag der Kapitulation Berlins, war der Ort Front und Kampfgebiet. 107 deutsche Soldaten und 30 Zivilisten verloren in diesen letzten Tagen noch ihr Leben. Am 8. Mai 1945 setzte der sowjetische Militärkommandant Paul Otto Schulze als Bürgermeister ein. Er war der letzte demokratisch gewählte Bürgermeister gewesen und nach der Machtübernahme 1933 von den Nazis abgesetzt worden. Nur langsam normalisierte sich das Leben wieder. Der erste Schulunterricht begann am 3. Juni 1945, die ersten Straßenlampen brannten Ende 1948, im Juli 1950 wurden die Haushalte mit Gas versorgt. Am 5. September 1945 wählten landlose und landarme Bauern, darunter Flüchtlinge aus den ehemaligen Ostgebieten, eine Gemeindekommission zur Durchführung der Bodenreform. Als Bodenreformland wurden die Flächen der Dürener Metallwerke an 17 Neubauern verteilt. Diese Ländereien hatten die Bauern in den Jahren 1940/41 an die Dürener Metallwerke für einen geplanten Rüstungsbetrieb zwangsverkaufen müssen.

Im Juli 1947 wurde die Interessentengemeinde aufgelöst und ihr Besitz der politischen Gemeinde zugeordnet. 1953 kam mit der Gründung der ersten landwirtschaftlichen Produktionsgenossenschaft auch die Zwangskollektivierung in der Landwirtschaft, das heißt die Auflösung der Alt- und Neubauernwirtschaften. Wenige Jahre später bestellte keines der über vier Jahrhunderte ansässigen Bauerngeschlechter mehr seine eigenen Äcker.

Bis auf die nach dem Krieg von der Roten Armee genutzte ehemalige »Siegsfeld-Kaserne« richteten sich in den anderen beiden die NVA ein. Seit 1956, dem Gründungsjahr der NVA, patroullierten in den Kasernen in der Heinrich-Zille-Straße und am Ortsausgang nach Güterfelde wieder Soldaten in deutschen Uniformen. Sie waren genausowenig beliebt wie jene der Wehr-

Charakteristisch für Stahnsdorf ist der mitunter direkte Übergang von Straße zu Natur. Und so finden sich fast überall in unmittelbarer Nähe der Hauptstraßen grüne Inseln der Ruhe.

Eigentlich fehlt nur noch das irisierende Blau eines Sees, um dem weiten märkischen Land die typischen Farben seiner Natur zu geben.

macht, doch gehörten sie nun einmal zum Ortsbild. 1960 begann der Bau des Instituts für Halbleitertechnik auf dem Gelände an der Ruhlsdorfer Straße, später VEB Mikroelektronik »Karl Liebknecht« Stahnsdorf, des größten Arbeitgebers in der Gemeinde.

Mit dem Bau der Mauer am 13. August 1961 wurde Stahnsdorf von einem Tag auf den anderen von seinen über Jahrhunderte gewachsenen traditionellen Bindungen an die südlichen Stadtbezirke Berlins abgeschnitten. Sämtliche Bus- und Straßenbahnverbindungen, einschließlich der S-Bahn nach Wannsee, wurden in dieser Nacht eingestellt.

Wie Kleinmachnow lag nun auch Stahnsdorf im »toten Winkel«. Die Verbindung nach Berlin dauerte dreimal solange wie bisher. Und um den Verkehr zwischen der Bezirksstadt Potsdam und dem Teltower Industriegebiet bewältigen zu können, wurde die Potsdamer Allee zu einer vierspurigen Rennstrecke ausgebaut. Als Umgehungsstraße um den alten Ortskern diente von nun an der heutige Bäkedamm.

Der Besuch des letzten Oberverwalters der DDR-Planwirtschaft Günter Mittag im Spätsommer 1989 im Mikroelektronikbetrieb wirkte wie das Menetekel an der Wand. Und seine damaligen Worte: »Wir wissen selbst am besten, was wir erreicht haben und was noch zu tun bleibt...« konnten angesichts der offenen Grenzen nach Ungarn und Österreich auch als ein Stück politbürokratische Untergangsphilosophie interpretiert werden. Stahnsdorf feierte damals sein 725jähriges Jubiläum.

Der 9. November 1989 war auch in Stahnsdorf ein Festtag, an dem Mauerspechte Hochkonjunktur hatten. Und bereits am 13. November tauchten im Morgennebel die ersten BVG-Busse mit der Gorbatschow-Werbung (gemeint ist der Wodka) in Stahnsdorf auf. Relativ schnell zog wieder Normalität ein. Seit dem 2. Mai 1992 verkehrten erneut Fahrgastschiffe zwischen Tempelhof und Potsdam auf dem Teltowkanal. Und im selben Jahr wurde auch das Amt Stahnsdorf gebildet, dem noch die Gemeinden Sputendorf, Schenkenhorst und Güterfelde angehörten.

Als ein Jahrhundertwerk von Kaiser Wilhelm II. 1906 eingeweiht, hatte der Teltowkanal zwischen Havel und Spree einen wesentlichen Anteil an der raschen Entwicklung der anliegenden Gemeinden. Mit dem Verkehrsprojekt Deutsche Einheit Nr. 17 geriet der Kanal erneut in die Schlagzeilen. Viele sehen in dem geplanten Ausbau der künstlichen Wasserstraße für Schubverbände bis zu einer Länge von 190 m einen irreparablen Eingriff in die Natur.

Ein Zentrum en miniature entstand mit dem Gewerbe- und Wohnkomplex in der Wannseestraße am ehemaligen »Gummibahnhof«, dem einstigen Busbahnhof.

Das neue Stahnsdorf

Zu den ersten größeren Bauvorhaben nach der Wende gehörten die Vogelsiedlung und die Wohnbebauung in den Pfuhlhufen. Diese Pfuhlhufen werden im Volksmund auch als »Liefeldts Dreieck« bezeichnet. Die Liefeldts – nach der auch eine Straße benannt wurde – zählten nach der Zerstörung des Dorfes im Dreißigjährigen Krieg zu den ersten Neuansiedlern; ihre Nachkommen blieben der Landwirtschaft über 300 Jahre verbunden. Heute stehen dort, wo sich einst Liefeldts Korn im Winde wiegte, adrette Wohnhäuser mit gepflegten Gärten.

1993 konnten die ersten Bewohner in die kleine Vogelsiedlung der Haschtmann Baubetreuungsgesellschaft zwischen Star- und Falkenstraße ziehen. Und so kam zu der bereits bestehenden »großen« Vogelsiedlung – die wegen ihrer ornithologischen Straßennamen so heißt – eine »kleine« hinzu. Auch hier wurde vor einigen Jahren noch emsig gepflügt, gesät und geerntet.

Der flotte Spruch »Hier tut sich was« wurde bald zum festen Bestandteil mancher Festrede bei den symbolischen Spatenstichen, Grundsteinlegungen oder Richtfesten. Und deren gab es nicht wenig. Doch nicht jeder küssende Frosch entpuppte sich als verzauberter Märchenprinz. Manch Kapitalanleger wollte zwar hoch hinaus, um seine Investitionen beim Finanzamt abschreiben zu können, verlor dabei aber mitunter den Blick für das Stahnsdorfer Maß. So mag dem einen zu groß sein, was der andere für zu klein hält. Aber auf jeden Fall kann man nun über Architektur trefflich streiten. Das Investitionszauberwort in den ersten Jahren hieß »Speckgürtel«, meinte damit die Nähe zu Berlin und führte zu einem rasanten und scheinbar grenzenlosen Wachstum. Die Folgen waren langwieriger. Noch heute bereitet der Gemeinde die Vermarktung von Grund und Boden, seinerzeit von der Treuhand überteuert erworben, für eine Gewerbeansiedlung arge Kopfschmerzen. Auch der Traum, die S-Bahnverbindung nach Wannsee wieder in Betrieb zu nehmen, war bald ausgeträumt. Während des Berufsverkehrs scheint Stahnsdorf im Verkehrschaos zu versinken, und den Verkehrsplanern geht es wie dem Hasen im Wettlauf mit dem Igel – der im Stau stehende Autofahrer ruft nach jedem neuen Vorhaben, der Probleme Herr zu werden: »Ich bin schon da!«

In einem weiteren Siedlungs-Kiez entstanden seit 1994 zwischen der Blumen- und der Markhofsiedlung mehr als 200 Häuser im Waldviertel. Die Wohnanlage ergibt ein geschlossenenes architektonisches Gesamtbild, in dem sich nicht nur die Kinder wohlfühlen. Auf das familienfreundliche Wohnen setzt auch die Berliner Bank als Investor des Grashüpferviertels. Kein anderes Projekt hatte dabei zu Beginn der Bauphase die Gemüter im Ort derart erregt, zielte doch die ursprüngliche Planung auf ein Wohngebiet in den Dimensionen des Berliner »Märkischen Viertels« ab. Vorgesehen waren viergeschossige Bauten mit Blumenkästen vor den Fenstern, die dem Kind den Namen geben sollten:

Für Angehörige der Wehrmacht erbaut, bezogen nach dem Krieg russische Armeeangehörige den Gebäudekomplex in der Potsdamer Allee. Ende 1992 begann die Frankfurter Siedlungsgesellschaft mbH mit dem Ausbau von 77 Zwei-, Drei-, Vier-, und Fünf-Zimmer-Wohnungen. Zur Verbesserung des Grundrisses wurden neue Treppenhäuser angebaut und Balkone im Erd- und Obergeschoß sowie Dachbalkone in den ausgebauten Dachgeschossen errichtet.

Gartenstadt. Die hitzigen Diskussionen und die Entwicklung auf dem Wohnungsmarkt holten Stahnsdorf wieder in die Wirklichkeit zurück und führten zu einem neuen Bauplan. Inzwischen ist das Grashüpfer-Viertel zu einer begehrten Wohnadresse in der Region geworden.

Allerorts geben individuelle Lückenbebauungen dem Siedlungsgebiet wohltuende Farbtupfer. Mit einem Bestand von etwa 1000 Wohnungseinheiten, von denen sich mehr als die Hälfte in der Boschsiedlung befindet, bleibt die Stahnsdorfer Wohnungsgesellschaft mbH der größte Vermieter in der Gemeinde. Doch in den rundum sanierten Wohnblöcken riecht es schon lange nicht mehr nach Braunkohlenfeuerung und Bohnerwachs.

Vorbildliches wurde in Stahnsdorf auf einem Gebiet geleistet, das kaum im Interesse der Öffentlichkeit gestanden hat, die zivile Nutzung der ehemaligen Kasernengelände. Den Kasernenkomplex am Güterfelder Damm hatte bereits 1991 die Telekom übernommen; jener der GUS-Streitkräfte in der Heinrich-Zille-Straße mußte dem Villen-Park der WertFinanz GmbH aus Heilbronn weichen. An den ausgebauten Wohnkomplex der Frankfurter Siedlungsgesellschaft mit den hühnerleiterartigen Außentreppen hat sich das Stahnsdorfer Auge längst gewöhnt. Eine bürgerfreundliche Nutzung erlebte auch die Kaserne in der Annastraße, die zu einem modernen Dienstleistungszentrum – sprich: Rathaus – ausgebaut wurde. Mit dem neuen Verwaltungszentrum in der Annastraße erhielt der Ort nicht nur ein richtiges Rathaus, sondern auch ein multifunktionales Gemeindezentrum für die Bürger des Amtes. Dieser »Salto communale« ist in der Tat gelungen – und das dürfte nicht nur Achim Wolff freuen, einen Star jener beliebten Fernsehserie, der in der Bahnhofstraße zu Hause ist, sondern alle Stahnsdorfer. Denn damit dokumentiert die Gemeinde letztlich nachdrücklich, was sie über Jahrzehnte sein wollte: ein Vorort von Berlin im Grünen der Mark Brandenburg.

Zwischen der Blumen- und der Markhofsiedlung haben viele junge Familien mit Kindern im Waldviertel ein neues Zuhause gefunden. Hier entstanden seit 1994 rund 200 Häuser. Der Bauträger, die Kondor Wessels Berlin GmbH, stützte sich dabei auf eine in Holland entwickelte Baumethode, mit der besonders effektiv und rationell vorgefertigte Kalksandsteinteile verarbeitet wurden.

Adrett zeigen sich die neuen Einfamilienhäuser auf den Pfuhlhufen im südlichen Teil der Blumensiedlung. Hier sind Wohnbauten entstanden, die sich gut in die Stahnsdorfer Häuserlandschaft einfügen.

Mit der ursprünglich geplanten Errichtung von 1500 Wohnungen wurde das Bauvorhaben am »Schwarzen Pfuhl« bei manch einem zum Reizwort. Doch dann entstand mit dem Grashüpferviertel – und der Berliner Bank als neuem Investor – eine Siedlung, mit der alle gut leben können. Vor allem auch die neuen Bewohner, die sich hier den Wunsch erfüllen können, familienfreundlich und naturnah zu wohnen. Die ersten Wohnungen wurden 1997 bezogen.

Mit der Errichtung der Anlage für altersgerechtes Wohnen an der John-Graudenz-Straße, Ecke Alte Potsdamer Landstraße, wurde die Boschsiedlung nicht nur städtebaulich abgerundet, sondern auch die Möglichkeit geschaffen, älteren Menschen im gewohnten Umfeld ein neues Zuhause bei sozialverträglichen Mieten zu bieten. Die Anlage umfaßt 54 Wohnungseinheiten im sozial geförderten Wohnungsbau. Bauherr des 8,5 Millionen Projektes war die Gemeinde Stahnsdorf.

Mit dem Einzug in das neue Rathaus erhielt Stahnsdorf ein multifunktionales Gemeindezentrum. Der Ausbau der ehemaligen Kaserne in der Annastraße erfolgte als infrastrukturelle Leistung der Gartenstadt Stahnsdorf GmbH, dem Investor des Grashüpfer-Viertels.

Auf einer Fläche von 206 Hektar breitet sich mit dem Südwest-Kirchhof eine der schönsten Friedhofsanlagen Deutschlands aus. Durch das Ineinandergreifen von Natur und parkähnlicher Gartenkultur gewinnt der Friedhof seine beeindruckende Atmosphäre.

Der Südwest-Kirchhof, mehr als eine Stätte der Vergänglichkeit

Ohne Zweifel zählt der Stahnsdorfer Südwest-Kirchhof zu den interessantesten Friedhofsanlagen in Deutschland. Seine Berühmtheit verdankt diese einmalige Begräbnisstätte den vielen bekannten Persönlichkeiten, die hier ihre letzte Ruhestätte fanden. Die rasche Entwicklung der Stadt Berlin um die Jahrhundertwende veranlaßte die evangelische Stadtsynode, neue Friedhöfe außerhalb der Stadt anzulegen. Im Südwesten fiel die Wahl auf Stahnsdorf, wo man bereits 1902 eine 156 Hektar große Wald- und Ackerfläche für 1.044.000 Goldmark von den hiesigen Bauern ankaufte. Später konnte das Gelände auf 206 Hektar erweitert werden, so daß dieser Waldfriedhof auch flächenmäßig zu den größten in Deutschland zählte. Vor allem die gelungene Gestaltung einer zweckentsprechenden Parkanlage unter Einbeziehung der vorhandenen Heide- und Waldlandschaft vermittelt auch heute noch dem Besucher oder Spaziergänger zu allen vier Jahreszeiten ein sinnliches Naturerlebnis.

Dieser harmonische Umgang mit der Natur ist dem Gartenbauingenieur Louis Meyer zu verdanken, der – 1906 mit der Gestaltung der Gesamtanlage betraut – über einen Zeitraum von mehr als 30 Jahren sein Lebenswerk betreuen und vollenden konnte, allerdings auf dem Friedhof nicht seine letzte Ruhestätte fand. Bereits am 28. März 1909 konnte der Südwest-Kirchhof eröffnet werden, die erste Beerdigung erfolgte am 8. April 1909. Seitdem sind hier – einschließlich der Umbettungen aus Gräbern stillgelegter Berliner Friedhöfe – mehr als 100.000 Verstorbene beigesetzt worden. Mit einem Kostenaufwand von 2,5 Millionen Goldmark wurde der Friedhof über einen 4,4 Kilometer langen Bahnanschluß mit dem Bahnhof Wannsee verbunden. Am 3. Juni 1913 verkehrte der erste Zug, und bald sprach der Volksmund nur noch von der Friedhofs- oder Leichenbahn. 400.000 Mark übernahm die Stahnsdorfer Terrain AG, 230.000 Mark die Kolonie-Dreilinden GmbH, den Rest der Kosten brachte die Berliner Stadtsynode auf. Grund und Boden für die benötigte Trasse stellten die Stahnsdorfer Terraingesellschaft und Prinz Friedrich Leopold von Hohenzollern, der Besitzer von Teilen Dreilindens, kostenlos und nicht ganz uneigennützig zur Verfügung.

Der Südwest-Kirchhof hat sein eigenes Who is Who: der Maler Lovis Corinth, der Chefredakteur der »Weltbühne« Siegfried Jacobson, der Mitbegründer von »Sinn und Form« Paul Wiegler, Gustav Langenscheidt, Carl Ludwig Schleich oder Rudolf Breitscheid. Doch liegen hier im märkischen Sand nicht nur die Gebeine und Erinnerungen an Menschen, die Großes geleistet und zu Lebzeiten Ruhm und Ehre erfahren haben. In Stahnsdorf ruhen die Opfer deutscher Gewaltherrschaft neben ihren Tätern, Widerständler neben Mitläufern, Bekannte neben Unbekannten. Im Tod sind sie letztlich alle gleich.

Einer der »berühmtesten« Toten auf dem Stahnsdorfer Friedhof ist zweifellos Erik Jan Hanussen, der als Hermann Steinschneider, Sohn eines tschechischen

Mit dem Bau der Kapelle erhielt der Südwest-Kirchhof den gestalterischen Mittelpunkt. Als Vorbild dienten dem in den Jahren von 1908 bis 1911 errichteten Bauwerk eine norwegische Stabkirche, die vom preußischen König Friedrich Wilhelm IV., dem Romantiker auf dem Thron, angekaufte und nach Brückenberg im Riesengebirge versetzte Holzkirche Wang.

Komödiantenehepaares, mit Taschenspielertricks und Betrügereien Karriere in Berlin machte. Besonders in der Berliner Damenwelt galt ein Abend bei dem Hellseher Hanussen als letzter Schrei. Und auch bei den Nazis machte sich der Prophet zukünftigen deutschen Größenwahns viele Freunde. Offenbar aber auch Feinde, denn als er während einer Privat-Séance eine Vision des Reichstagsbrandes hatte, fürchteten einige Nazigrößen, Hanussen wisse vielleicht mehr, als er »voraussah«. Kurze Zeit später wurde Hanussen von SA-Männern entführt und als »unbekannte« männliche Leiche an der Straße von Zossen nach Baruth gefunden.

In die Literaturgeschichte eingegangen ist Elisabeth Baronin von Ardenne, geborene Freiin und Edle von Plotho. Als Ehefrau des Rittmeisters Armand von Ardenne wegen ihrer Ausstrahlung von der Männerwelt umschwärmt und verehrt, wurde ihr die leidenschaftliche Liebe zum Amtsrichter Emil Harvich zum gesellschaftlichen Verhängnis. Die standesgemäße preußische Lösung für den Ehemann hieß: Duell mit dem Liebhaber und Scheidung von der Ungetreuen. Theodor Fontane – sein Sohn ist ebenfalls hier beerdigt – setzte der Baronin von Ardenne mit dem Roman »Effi Briest« ein bleibendes Denkmal. Nur mit einem kleinen Unterschied. Im Gegensatz zum kurzen Leben der Effi Briest starb die Großmutter des Professors Manfred von Ardenne im 99. Lebensjahr.

Als Preußen von echtem Schrot und Korn trugen die Ehrengäste mit Hermann Göring an der Spitze am 19. Oktober 1934 den greisen Generaloberst Alexander von Kluck per Staatsbegräbnis zu Grabe. Hauptverdienst des »Lehrmeisters im Frieden und Heerführers im Kriege« war im September 1914 der Sturmangriff der von ihm geführten 1. Armee bis in die Vororte von Paris, der erst durch die Marneschlacht gestoppt wurde

Auch den im Rheinland geborenen und in Neustrelitz verstorbenen einstigen Assistenten Richard Wagners und Komponisten der Kinderoper »Hänsel und Gretel«, Engelbert Humperdinck, führte seine letz-

Die expressionistische Grabgestaltung des Architekten Max Taut bricht mit konservativen Vorstellungen und dem verstaubten Mausoleumspomp. Die Arkatur aus Beton überspannt leichtspielig das Erbbegräbnis Wissinger und entstand 1920.

Der Grabtempel des schwedischen Gesandten von Essen bildet die Sichtachse der Begräbnisanlage der schwedischen Viktoriagemeinde Berlin.

te Reise nach Stahnsdorf. An ihn erinnert ein schlichter Findling.

Ein anderer Findling gedenkt des Ehepaares Meta und Joachim Gottschalk und seines achtjährigen Sohnes Michael. Joachim Gottschalk, einst Kinoliebling der Nation, wurde unter Ausschluß der Öffentlichkeit beigesetzt. Zu den wenigen Trauergästen zählten Brigitte Horney, René Deltgen und Gustav Knuth. Ein halbes Jahr zuvor hatte Reichspropagandaminister Joseph Goebbels bei der Premierenfeier des Films »Die schwedische Nachtigall« auch die Hand von Meta Gottschalk geküßt. Es war eine jüdische Hand, wie sich herausstellte, und dem Handkuß folgte die Rache. Gottschalk durfte als Schauspieler nicht mehr beschäftigt werden und wurde zur Wehrmacht einberufen. Frau Meta und Sohn Michael drohte die Deportation nach Theresienstadt. Zusammen mit Frau und Kind wählte Joachim Gottschalk den Tod.

Allein in den ersten 25 Jahren seines Bestehens sind auf dem Stahnsdorfer Friedhof weit über 35.000 Bestattungen vorgenommen worden. In den Jahren 1908 bis 1911 entstand als gestalterischer Mittelpunkt der Friedhofsanlage die im Stil einer norwegischen Stabkirche errichtete Kapelle. Als architektonisches Vorbild diente die vom preußischen König Friedrich Wilhelm IV. erworbene und im heutigen Bierutowice stehende Holzkirche Wang im Riesengebirge. Mit der Bauausführung im Zeitgeschmack des Jugendstils wurde der Königlich Preußische Baurat, der Architekt Gustav Werner (1859–1917) betraut, der gegenüber seinem Bauwerk auch seine letzte Ruhestätte fand.

Nach Beendigung des Ersten Weltkrieges erwarben die britische und die italienische Regierung größere Flächen zur Anlage von Ehrenfriedhöfen für ihre in deutscher Kriegsgefangenschaft verstorbenen Armeeangehörigen. Auf dem englischen Soldatenfriedhof wurden 1.172 und auf dem italienischen 1.650 Soldaten und Offiziere beigesetzt. In einem anderen Teil des Südwest-Kirchhofes erinnert ein Denkmal an die im Ersten Weltkrieg gefallenen deutschen Soldaten.

Stets für die kleinen Leute da, zählt Heinrich Zille heute noch zu den ganz Großen. 1929 wurde Pinsel-Heinrich, der Ur-Berliner aus Radeburg in Sachsen, auf dem Stahnsdorfer Südwest-Kirchhof beigesetzt.

Fernab des Empire fanden die Kriegsteilnehmer
traditionsreicher britischer Regimenter unter märkischen
Kiefern ihre letzte Ruhestätte.

Am 10. Juli 1928 wurde der elektrische S-Bahn-Betrieb aufgenommen, und an den Sonn- und Feiertagen mußten die Zugfolgen verdichtet werden, um dem Ansturm der Fahrgäste gerecht zu werden. Die als Friedhofsbahn konzipierte Verkehrsanbindung brachte den beiden Gemeinden Stahnsdorf und Kleinmachnow einen unerwarteten Aufschwung. In der Nähe des Bahnhofes, dem Haupteingang des Südwest-Kirchhofes gegenüber, entstanden Gaststätten für die Besucher und Ausflügler sowie Wohnhäuser für die Eisenbahnbeamten und Friedhofsangestellten. Und bereits auf dem Bahnhof gab es fliegende Händler, die den Berlinern Parzellen zum Bau eines eigenen Heimes oder einer Gartenlaube im Grünen anboten. Neue Wohnsiedlungen schossen während dieser Zeit in Stahnsdorf wie Pilze aus dem Boden.

In den letzten Kriegstagen des Zweiten Weltkrieges wurde die S-Bahnbrücke über den Teltowkanal von Soldaten der Wehrmacht gesprengt. Erst drei Jahre später hielt in Stahnsdorf wieder der erste Zug. Nach den Ereignissen vom 17. Juni 1953 war es den Westberlinern nur mit einem besonderen Passierschein möglich, den Südwest-Kirchhof und den angrenzenden Wilmersdorfer Waldfriedhof zu besuchen
In der Nacht vom 12. zum 13. August 1961 wurde der S-Bahnverkehr endgültig eingestellt. Der Südwest-Kirchhof fiel in einen Dornröschenschlaf, das Bahnhofsgebäude verrottete und wurde 1976 gesprengt. Jetzt erinnert nur noch der Straßenname und der etwas größere Abstand der Lindenbäume vor dem ehemaligen Eingang daran, daß Stahnsdorf einmal einen Bahnhof hatte. Viel hat sich in der Folgezeit für den Ort verändert. Geblieben jedoch ist der Stahnsdorfer Südwest-Kirchhof als eine einzigartige Kulturstätte. Geblieben ist auch nach wie vor die einzigartige Harmonie von Garten- und Friedhofskunst, Plastik und Architektur sowie der gerade hier besonders zu spürende Hauch der Vergangenheit. Und gerade dieser macht den Stahnsdorfer Südwest-Kirchhof zu mehr als nur einer Stätte der Vergänglichkeit.

Die Formenvielfalt der Grabmalskunst reicht von schlichten Stelen und eiszeitlichen Findlingen bis zu pompösen Mausoleen.

Eine massive Kalksteinmauer umgibt die
Erbbegräbnisanlage der Familie von Siemens. Auch der
Pionier der Elektrotechnik und Firmengründer
Werner von Siemens fand hier seine letzte Ruhestätte.

Neben der üppigen Natur und dem strengeren Parkcharakter des Südwest-Kirchhofs sind es vor allem die originellen Zeugnisse der unterschiedlichen Grabmal-Architektur, die den Besucher in ihren Bann schlagen.

Kleinod der Natur und Sorgenkind der neuen Zeit zugleich ist der Güterfelder Haussee, in dessen Nähe einst die Heiden dem Morgengott opferten. Der aus der Eiszeit stammende Flachsee reichte einst weit über die Potsdamer Straße bis nach Kienwerder hinein. Im Laufe von Jahrtausenden hinterließ er das zwischen dem Dorf und der Siedlung Kienwerder liegende unter Schutz gestellte Feuchtgebiet.

Wo der Heidenspuk noch in der Luft liegt

Neben seiner steingewordenen Geschichte und den vielen Geschichten um den »verwunschenen« Ort liegt der Reiz von Güterfelde vor allem in seiner Naturbelassenheit. Mit einer Gemarkungsfläche von über 18 Quadratkilometern gehört der Ort zu den größeren Gemeinden im Land Brandenburg. Außer dem Wenigen, das die moderne Zivilisation der Natur abgerungen hat, breitet sich letztere hier noch fast endlos aus. Die überwiegend in der Güterfelder Flur gelegene Parforceheide ist heute das letzte große zusammenhängende Waldgebiet im Süden Berlins. Einst in preußisch-absolutistischer Zeit als königliches Jagdgebiet angelegt, leistet sie heute als »Frischluftschneise« den Hauptstädtern unschätzbare Dienste. Die berühmte Berliner Luft stammt sozusagen auch aus Güterfelde.

Der Ort hat seit Jahrhunderten eine besondere Anziehungskraft auf die Menschen ausgeübt. Unweit des Sees wurde in grauer Vorzeit dem Morgengott der Slawen, dem Juthrie-Götzen, geopfert. Anlaß genug für die Kolonisten aus dem Abendland, im Zuge der Christianisierung dem Heidendorf »Jutergotz« als Gut des Lehniner Klosters der Zisterzienser besondere Aufmerksamkeit und Fürsorge in Glaubensfragen zu widmen. Davon zeugt noch heute die imposante romanische Feldsteinkirche auf dem Dorfanger. Der ehrwürdige Bau, um den sich die Hofstellen des ehemaligen Bauerndorfs gruppieren, korrespondiert architektonisch in vollkommener Harmonie mit dem viel jüngeren Schloßbau auf der Südachse der Gesamtanlage, selbst wenn durch den Ausbau der alten Wegeführungen im Ort wenig von der dörflichen Abgeschiedenheit geblieben ist, von der Theodor Fontane noch begeistert zu berichten wußte. Doch gemach – wie schon die Chronik abwechselnd von guten und schlechten Zeiten für den Ort zu berichten weiß, so ist auch hier Abhilfe in Sicht: Güterfelde erhält bald eine Umgehungsstraße, so daß die historische Siedlungsanlage wieder auf bessere Zeiten hoffen kann, und der Ort – hoffentlich – sein Fontanesches Flair zurückerhalten wird.

Erstmals urkundlich erwähnt wurde Güterfelde 1263, als Markgraf Otto III. »Jutergotz« im Tausch gegen andere Besitzungen dem Kloster Lehnin überließ. Nach der Reformation fiel das Dorf an den brandenburgischen Kurfürsten zurück und dümpelte mehr schlecht als recht vor sich hin. Als der Dreißigjährige Krieg zuende war, zählten gerade mal ein Hüfner und vier Kossäten zu den Überlebenden. Richtig bergauf mit Gut und Ort ging es erst 1700. Zu diesem Zeitpunkt erwarb Benjamin Ursinus von Bär, Hofprediger des Kurfürsten Friedrich III., die Rechte am Dorf Gütergotz. Ihm gelang die Umwandlung des Lehnschulzendorfes in ein Rittergut. 1721 erwarb Friedrich Wilhelm I., der Soldatenkönig, für 15.000 Taler den Besitz und machte aus dem Gut ein Vorwerk.

Nach Entwürfen des Geheimen Oberbaurates David Gilly, Lehrmeister des Architekten Friedrich Schinkel, wurde Anfang des 19. Jahrhunderts ein neues Gutshaus

Trutzig erhebt sich der Westturm der Güterfelder Kirche über der alten Dorfanlage. Der Feldsteinbau stammt aus der ersten Hälfte des 13. Jahrhunderts und wurde im vorigen Jahrhundert so verändert, daß der ursprünglich eingezogene Chor die Breite des Kirchenschiffes erreichte.

im klassizistischen Stil errichtet. Der Bau allerdings verfiel Mitte des 19. Jahrhunderts zusehends, bis der wohl prominenteste Gütergotzer Einwohner, Graf Albrecht von Roon, von 1859 bis 1873 preußischer Kriegsminister, das Anwesen 1868 erwarb und das Herrenhaus zum Schloß ausbauen ließ. Roon klagte zwar gegenüber seinem politischen Freund Otto von Bismarck über die »Sandbüchse«, lobte aber dafür den »wohlgepflegten Wald mit schlagbaren Hölzern« und nannte das Anwesen sein »Tusculum« – das lateinische Wort für Blumentopf. In nur anderthalb Stunden war Roon mit den eigenen Pferden in Berlin; mit der Potsdamer oder Anhalter Bahn brauchte er sogar nur eine Stunde. Die nächstgelegenen Haltepunkte waren Zehlendorf und Großbeeren, Teltow erhielt erst 1902 einen Bahnhof. Für den Gütergotzer Neubürger wurde der Ort sogar per Telegraphenleitung mit Potsdam verbunden. 1873 verkaufte Roon seinen über alles geliebten »Tusculum« an den Bankier Gerson von Bleichröder und zog sich aus der Politik und dem gesellschaftlichen Leben zurück. Warum – das wird wohl für immer ein Geheimnis bleiben. In der Gruft der Dorfkirche hatte bis zu diesem Zeitpunkt auch einer seiner Söhne, der im Deutsch-Französischen Krieg gefallen war, seine letzte Ruhestätte erhalten.

Der neue Besitzer veräußerte das Gut 20 Jahre später an die Stadt Berlin, die in dem Schloß eine Tuberkulose-Heilstätte für Kinder einrichtete. Während des Dritten Reiches hauste in dem Gebäude die SA-Standarte »Feldherrnhalle«. Die Nazis machten dem »wendischen« Spuk auch namentlich ein Ende und tauften den Ort Güterfelde. 1945 enteignet, dient das Schloß seit 1952 als Altenheim.

Die Geburtsstunde der Parforceheide fällt in das Jahr 1724. König Friedrich Wilhelm I. ließ den Wald bei Gütergotz für die Parforcejagd umgestalten, gehörte doch die Jagd neben dem Sammeln von langen Kerls und dem Tabakkollegium, einer Form von Wiederbelebung des Hofnarrentums im Dunstkreis bierseliger Geselligkeit, zu den beliebtesten Freizeitbeschäfti-

Nach Entwürfen des Königlich Preußischen Landbaumeisters David Gilly entstand 1805 ein zweigeschossiger Bau mit Seitenpavillonen. Entschiedene Veränderungen erlebte das Bauwerk des Schinkelschülers ab 1868 im Zuge eines Umbaues im Stil der Neorenaissance. Türme, Zwerchhäuser und ein parkseitiger Mittelrisalit wurden entsprechend dem Zeitgeschmack der Gründerjahre malerisch gruppiert.

An manchen Stellen reichen die Felder heute noch bis an
die alte Dorfanlage heran. Die Bauten der Scheunen und
Wirtschaftsgebäude umschließen wie ein Ring
die Höfe und nehmen das Dorf in ihre Mitte.

gungen des außergewöhnlichen preußischen Monarchen. Bei der Parforcejagd folgten die Jäger hoch zu Roß der von einem »Piqueur« auf die Fährte gebrachten Hundemeute, die das Wild bis zur völligen Erschöpfung hetzte. Dann erst versetzte der Jäger dem Tier mit dem Hirschfänger oder der Saufe den Todesstoß. Ausgangspunkt dieser wilden königlichen Jagden war das Jagdschloß Stern, von dem 14 schnurgerade Schneisen in den Wald geschlagen wurden.

Unter Friedrich II. trat die forstwirtschaftliche Nutzung in den Vordergrund. Das blieb im Prinzip auch so bis in unser Jahrhundert. Erst dann entdeckten und zweckentfremdeten drei deutsche Armeen den Wald für ihre Zwecke. Besonders erfolgreich betätigten sich dabei die Verkehrs- und Grenzsicherungsexperten des Eisernen Vorhangs. Weniger wild und militärisch stramm zeigt sich dem unbefangenen Wandersmann heute das alte Jagdgebiet, das den Güterfeldern und ihren Besuchern wieder für ausgedehnte Spaziergänge offen steht und sich über Zulauf aus Richtung Potsdam oder Berlin nicht beklagen kann. Weniger ökologisch unbedenklich sieht jedoch die Zukunft des Güterfelder Haussees aus. Der Grundwasserpegel ist in den Jahren nach Einstellung der Verrieselung auf den Rieselfeldern bedrohlich gesunken. Es muß etwas geschehen, damit auch zukünftige Generationen noch im Haussee baden und angeln können.

In seinen »Wanderungen durch die Mark Brandenburg« hat Theodor Fontane sehr ausführlich über Gütergotz berichtet. Dies tat der Altmeister in der Regel nur, wenn ihm das Gespräch sowie Speis und Trank bei gastfreundlichen Menschen in besonders guter Erinnerung geblieben waren. Es muß also mit diesem Gütergotz im Jahre 1869 alles gestimmt haben. Und ein freizeitlicher Aspekt des heidnischen Brauchs hat sich immerhin trotz Namensänderung bis heute gehalten: In den warmen Sommermonaten trifft man schon früh am Morgen die ersten Badegäste am Güterfelder Haussee an – genau zur Zeit des slawischen Morgengottes, des Juthrie-Götzen.

Viele der alten Verkehrsverbindungen haben die neue Zeit überlebt und laden zum Ausflug ein. Sie entstanden in einer Zeit, als der Kirchturm noch den Weg zum anderen Ort wies.

Zu Recht zählt der Sputendorfer Anger mit seinen beiden Teichen, den alten Bauernhäusern und der schlichten Feldsteinkirche zu den reizvollsten Dorfanlagen in der Region. Der aus dem 13. Jahrhundert stammenden Kirche wurde im 18. Jahrhundert der jetzige hölzerne und verbretterte Westturm aufgesetzt. Umfangreiche Rekonstruktions- und Sanierungsmaßnahmen waren erforderlich, um den Turm vor dem Einsturz zu retten.

Die Außerirdischen am Rande der Metropole

Während kleine Gemeinden am Rande der Millionenstadt Berlin in den letzten Jahren förmlich vom Fortschritt überrollt wurden, hat sich im Windschatten der stürmischen Entwicklung aber auch etwas erhalten, das noch immer den Reiz eines typischen märkischen Dorfes ausmacht. Diese märkische Dorfidylle kann man noch pur in Sputendorf und Schenkenhorst finden. Und die Dorfbewohner sind eigentlich ganz zufrieden darüber, daß es so gekommen – oder auch geblieben – ist. Natürlich könnte manches noch besser werden, aber ein »richtiges« Dorf möchte man schon sein. Dabei hat man nichts gegen stadtflüchtige Brandenburger und Berliner, wie die vielen Einfamilienhäuser beweisen. Doch ist märkische Bescheidenheit angesagt, denn Stadtvillen, Wohnresidenzen oder leerstehende Büro- und Geschäftshäuser haben hier keinen Platz. Dabei kann Schenkenhorst in seiner Flur sogar auf einen Kuhdamm verweisen. Dieser wird allerdings trotz Rechtschreibreform noch mit einem -h- geschrieben, denn der Schenkenhorster Kuhdamm ist ein Stück Natur.

Schenkenhorst und Sputendorf zählen zum sogenannten Speckgürtel um Berlin, in dem so manche Gemeinde den Gürtel inzwischen immer enger schnallt, aber das nimmt man hier gelassen. Lag man doch stets an der Peripherie der großen Welt, die damals der Teltow hieß. Die beiden Dörfer erstrecken sich somit auch wie vor 700 Jahren am Rande seiner Hochfläche, wo diese in die Nutheniederung abfällt, und wo die Dörfer im Havelland jenseits des Grenzflusses Nuthe ihre eigene Geschichte haben. Urkundlich wurden Schenkendorff und Sputelendorf wie so viele Dörfer im Land Brandenburg erst spät entdeckt, obwohl es sie schon lange gab. Doch mit dem Landbuch Karls IV. aus dem Jahre 1375 wurden auch die Schenkendorfer und Sputelendorfer als Steuerzahler registriert.

Zu Beginn des 15. Jahrhunderts gehörte Sputendorf zum umfangreichen Hake-Besitz. Im Dreißigjährigen Krieg wurde das kleine Dorf völlig zerstört, so daß der Landreiter des Teltow 1652 nur notieren konnte: »Sputendorff gehöret Otto von Hake, ist kein Bauer und Kossäten darinnen«. 1680 kaufte der Große Kurfürst das Dorf. Ähnlich ist der historische Werdegang von Schenkenhorst. Nach der Umbildung des Lehnschulzengutes und von zwei Bauerngütern in ein Rittergut machten sich 1663 auch hier die Hakes aus Klein Machnow breit, die es vier Jahre später für 14.000 Taler wieder an den brandenburgischen Kurfürsten verkauften.

Mit dem Erwerb der Güter Schenkendorf und Sputendorf 1889 durch Berlin wurde neben dem Gemüseanbau vor allem der Tierhaltung für die Versorgung der Großstadt besondere Aufmerksamkeit geschenkt. Und so begegnet der Besucher auch heute noch auf den Weideflächen nicht nur Pferden, sondern auch schon echten Rindviechern und Schafen. 1938 wurde den Schenkendorfern ein neuer Ortsname »geschenkt«, damit sie sich von den vielen anderen Schenkendörflern unterscheiden.

Als brandenburgische Zwergenschule konnte die Sputendorfer Schule die neue Zeit nur als Gebäude überleben. Zuletzt als Einrichtung der Stahnsdorfer Zille-Schule zugeordnet, drückten hier bis 1995 die Sputendorfer, Schenkenhorster und Güterfelder Kinder in den ersten Klassen die Schulbank.

Geselligkeit und Sport gehören hier zum Leben, wie das Amen in den Dorfkirchen. Seit 1980 frönt man in Schenkenhorst dem Motorsport, und inzwischen ist die 2 km lange Moto-Cross Strecke des MCC Schenkenhorst – Berlin e.V. auch für internationale Meisterschaften ausgebaut. Seit 1992 finden hier Läufe zur Deutschen Meisterschaft statt. Da dröhnen an manchen Wochentagen schon mal die Motoren, und im Dorf ist richtig was los. So etwas stecken die Schenkenhorster locker weg, denn es gibt ja noch andere Dinge, die Spaß machen, und so spielt man leidenschaftlich Handball und kegelt oder drischt im Sputendorfer »Waldesruh« einen zünftigen Skat. Zweimal im Jahr finden auf dem pappelumsäumten Schenkenhorster Sportplatz Handballmeisterschaften statt, an denen Mannschaften aus dem ganzen Land Brandenburg anreisen. Und wer weiß schon, daß Sputendorf sogar auf einen Flugplatz verweisen kann und sich klammheimlich zum Mekka des Flugmodellsports des Berliner Luftsportclubs »Condor« e.V. entwickelt hat?

Mit dem Bau von 62 Einfamilienhäusern und Doppelhaushälften im Nordosten der Ortslage stieg die Einwohnerzahl von Sputendorf im Jahre Acht bundesrepublikanischer Zeitrechnung sprunghaft von 440 auf 580 Einwohner an. Von so einem Zuwachs steuerzahlender Neubürger träumt wohl gern so manche Gemeinde fernab des Speckgürtels.

Ursprünglich als Ländereien zum Zwecke der Verrieselung Berliner Abwässer aufgekauft, will man in Schenkenhorst die letzten, in ihrem ursprünglichen Zustand gebliebenen Rieselfelder bewahren. Und so findet sich hier noch das typisch terrassierte Gelände mit eichenbewachsenen Dämmen, Wirtschaftswegen mit Obstbäumen und kleinen, mit Holunderbüschen bewachsenen Gräben. Längst ist die Luft wieder rein, und bei einer Wanderung auf den ehemaligen Rieselflächen bietet sich ein weiter Blick über die märkische Landschaft, aus denen die Kirchtürme von Sputendorf, Schenkenhorst und Güterfelde als steinerne Zeugen einer vielhundertjährigen Geschichte grüßen.

Wenn auch der Ort Schenkenhorst längst dem kleinen Angerdorf entwachsen ist, blieb die dörfliche Gemeinschaft bis in die heutige Zeit erhalten. Der einfache rechteckige Feldsteinbau der Kirche stammt aus dem 13. Jahrhundert. Nicht ganz so solide war der 1793 aufgesetzte zweigeschossige Fachwerkturm. Mit den Jahren baufällig geworden, wurde dieser 1911 abgetragen und neu errichtet.

Chronologie

Stahnsdorf

1264: Erste urkundliche Erwähnung als Stanesdorp
1299: Markgraf Otto III. verkauft Stahnsdorf an Bischof Volrad von Brandenburg
1375: Im Landbuch Kaiser Karls IV. werden neben Stahnsdorf mit 36 Hufen Ackerfläche auch ein Wendisch-Stahnsdorf mit 15 Hufen aufgeführt
1435: Die Machnower Hakes werden mit Stahnsdorf belehnt
1624: Im Landregister sind 46 Hufen, zwölf Bauern und sieben Kossäten aufgeführt
1734: Stahnsdorf hat 134 Einwohner
1801: Auf zwölf Bauernstellen und sieben Kossätenhöfen mit 22 Feuerstellen leben 145 Einwohner
1858: Die Separation wird abgeschlossen
1889: Eine besoldete Bürgermeisterstelle wird errichtet. Zum Amt Stahnsdorf zählen Gütergotz, Ruhlsdorf und der Gutsbezirk Klein Machnow
1900: Stahnsdorf hat 93 Wohnhäuser mit 794 Einwohnern
1905: Baubeginn der Kläranlage
1913: Inbetriebnahme des Zugverkehrs zwischen Wannsee und Stahnsdorf
1919: Stahnsdorf hat 1.311 Einwohner
1928: Umstellung der Zugverbindung auf S-Bahnbetrieb
1930: Stahnsdorf zählt 2.149 Einwohner
1931: Das neue Klärwerk ist die größte und modernste biologische Abwasserreinigungsanlage Europas
1961: Durch Mauerbau Einstellung des S-Bahnbetriebes
1992: Mit Güterfelde, Schenkenhorst und Sputendorf wird das Amt Stahnsdorf gebildet
1999: Stahnsdorf zählt 8.321 Einwohner; im Amt Stahnsdorf leben insgesamt 10.915 Personen

Güterfelde

1263: Erste urkundliche Erwähnung als »Jutergotz«
1539: Durch die Reformation wird der Ort kurfürstlicher Besitz
1695: Das Lehnschulzendorf wird Rittergut
1700: Benjamin Ursinus von Bär erwirbt Gütergotz
1721: Erwerb von Gütergotz durch Friedrich Wilhelm I.
1830: Landrat Albrecht kauft das Anwesen
1868: Erwerb durch Kriegsminister Albrecht von Roon
1873: Verkauf an Gerson von Bleichröder
1874: Über Gütergotz erscheint die erste gedruckte Dorfchronik in der Mark Brandenburg
1893: Die Stadt Berlin kauft Gütergotz; das Schloß wird Heilstätte für tuberkulosekranke Kinder
1937: Umbenennung in Güterfelde
1992: Horst Liefeldt, der letzte Müller von Güterfelde, meldet sein Gewerbe ab
1999: Güterfelde zählt 1.587 Einwohner

Schenkenhorst

1375: Erwähnung im Landbuch Kaiser Karls IV.
1450: Schenkendorff wird markgräfliches Lehen
1663: Das Dorf geht an die Machnower Hakes über
1667: Hans Friedrich von Hake verkauft den Besitz für 14.000 Reichstaler an den Kurfürsten
1860: Schenkendorf zählt 227 Einwohner
1889: Die Stadt Berlin erwirbt das Gut
1893: Beginn der Verrieselung
1938: Umbenennung in Schenkenhorst
1973: Das nach dem Krieg eingerichtete Volksgut wird dem VG Genshagen als Betriebsteil zugeordnet
1999: Schenkenhorst zählt 427 Einwohner

Sputendorf

1375: Ersterwähnung von Sputelendorf als Besitz des Bischofs von Brandenburg
1652: Das Dorf ist im Dreißigjährigen Krieg verwüstet und menschenleer
1680: Der Große Kurfürst kauft Sputendorf der Familie von Hake auf Kleinmachnow für 4.500 Taler ab
1860: 21 Wohnhäuser und 38 Wirtschaftsgebäude
1890: Berlin erwirbt das Lehnschulzengut und baut es zum Vorwerk »Marggraffshof« aus
1945: Das Gut wird in ein Volksgut umgewandelt
1973: Aufgehen des Gutes im Volksgut Genshagen
1990: Bildung der Stadtgut GmbH
1999: Sputendorf zählt 580 Einwohner

»Märkische Landschaften« – eine neue Reihe

M*it'm Ohr in Berlin und mit de Beene in Brandenburg*, so charakterisierte einst Adolph Glaßbrenner jene unmittelbar hinter der Berliner Stadtgrenze liegenden brandenburgischen Gemeinden, die mehr oder weniger eng mit der Entwicklung Berlins zur Metropole verbunden waren, dabei aber immer ihre Eigenständigkeit bewahrt haben.

Mit den vier Titeln Kleinmachnow, Teltow, Stahnsdorf und Blankenfelde startet der be.bra verlag im Frühjahr 1999 seine neue Reihe »Märkische Landschaften«. Vier mit der Region vertraute Autoren vermitteln in ihren Texten Bewahrenswertes von einst, berichten von den Veränderungen heute und fangen etwas von der typisch märkischen Atmosphäre der jeweiligen Ortschaften ein – die natürlich immer ganz unterschiedlich ist; denn schon Fontane meinte: Der Märker ist mal so – mal so!

Die durchgängig vierfarbigen Abbildungen bieten dabei optische Impressionen von den heimlichen Raritäten und offenkundigen Herrlichkeiten der jeweiligen Region.

Im Frühjahr 1999 erschienen:

Text: Jan Feustel, Fotos: Uwe Friedrich
Blankenfelde
ISBN 3-930863-57-X

Guido Zenkert
Stahnsdorf
ISBN 3-930863-58-8

Text: Bernhard Thieme, Fotos: Uwe Friedrich
Kleinmachnow
ISBN 3-930863-55-3

Manfred Pieske
Teltow
ISBN 3-930863-56-1

je Band 21 x 20 cm, 48 Seiten, ca. 50 farbige Abb., geb. 24,80 DM

Im Frühjahr 2000 erscheinen: **Werder, Falkensee, Caputh, Schönefeld, Glienicke, Hoppegarten**

Sie erhalten die Bücher aus dem be.bra verlag in jeder Buchhandlung

Wir danken Horst Meyer für seine Beratung und Hilfe am Zustandekommen der Reihe »Märkische Landschaften«.

Die Deutsche Bibliothek - CIP-Einheitsaufnahme

Zenkert, Guido:
Stahnsdorf / von Guido Zenkert. - Berlin: be.bra-Verl., 1999
(Märkische Landschaften)
ISBN 3-930863-58-8

Zehdenicker Straße 1, 10119 Berlin
http://www.bebra.de
Lektorat: Margarethe Syring, Berlin
Gesamtgestaltung: Uwe Friedrich, Berlin
Bildbearbeitung: Marita Friedrich, Berlin
Druck: Grafisches Centrum Cuno, Calbe
Schrift: Novarese 10,2/12,1
ISBN 3-930863-58-8